ブリコラージュフラワー

野原をそのまま切り取った寄せ植え

小森妙華

誠文堂新光社

はじめに

ブリコラージュフラワー誕生のベースになっている、ギャザリングという植え込み技法を初めて体験した時、私は衝撃を受けました。それまでの寄せ植えとは全然違い、自分で花苗を選び、花束のように束ね、作品を作り上げていく感動は、ほかでは得られないものでした。はじめは、自分が美しい作品を作ることに夢中で、とにかく楽しい日々でした。それがいつしか、この喜びを誰かに伝えたいと思うようになり、レッスンを続けています。

ここ数年、ブリコラージュフラワーが、少しずつ知られるようになりました。ブリコラージュフラワーの本質は、自分の〈こころ〉と向き合うというところにあります。作品の美しさや技術だけを追求するものではありません。〈こころ〉を大切にするということをお伝えしたく、私が書き綴ってきたエッセイを中心に、新しい内容を加え、一冊の本にまとめました。

この本には私が模索しながら歩んできた日々が綴られています。

時に悩み戸惑いながらも、希望を持ち続けた日々。そして、それを乗り越えて得た喜び。そうしたエッセイとともに、季節の花を使ったブリコラージュフラワーの作品の写真をたくさん収めました。

この本を手にとってくださった皆さんが、自分の〈こころ〉と向き合うきっかけになることを願っています。

目次

はじめに………2
ブリコラージュフラワー作品………6

第一章　ブリコラージュフラワー………17

土をほぐし、〈こころ〉がほぐされていく………18
大切にしているのは「好き！」という気持ち………20
ブリコラージュフラワーの誕生と〈ギャザリング〉………22
花は、ただそこに咲いているだけで美しい………24
野原を思わせるナチュラルスタイル………26
作品には自分の内面が現れる………28
ありのままの自分でいい………30
だんだん、自分らしさがわかってくる………32
ハボタンリースからすべてが始まっている………34
ハボタンリースの感動………36
進化するハボタンブーケ………37
ハボタンリース　デザインの変遷………38
ハボタンの定植作業………40

第二章　ブリコラージュフラワーの作り方………43

才能なんてない。あるのはひたむきな情熱だけ………44
1　器を選ぶ………46
2　植物を選ぶ………48
3　ブリコラージュフラワーを作る………50
4　道具について………52
5　ヤシの実チップと水苔について………54
いろいろなブリコラージュフラワー………56
ランを使って………58
野の花ブリコラージュ………60
バスケットブリコラージュ………62
リースブリコラージュ………64
マウントスタイル………66
壁掛けスタイル………68
多肉植物………70
観葉植物を使って………72
自分の作品を写真に撮っておくことが大切………74
おすすめのカメラ………76
背景がボケる単焦点レンズ………78

第三章　花屋になる……81
花屋さんで働く……82
結婚してからも働ける店を作りたい……84
花苗を仕入れるのは難しい……86
花の仕入れができない……88
多肉植物との出会い……90
移動販売の花屋としてスタート……92
GAKOちゃんとの運命的な出会い……94
小さな花屋さんが続けていける仕組み……98
当たり前の花を特別に……100
アトリエ華もみじの営業スタイル……102
誰かが笑顔になるためのサポート……104
経験が必要なディスプレイ……106
スタッフに情報を伝えるための回診……108
コロナ禍でも笑顔を届けたい……110
インスタグラムのライブ配信……112
ライブ配信の思いがけない効果……114
花屋が街や人を明るく照らす……116
人の触れ合いとコミュニティ……118

第四章　アトリエ華もみじ……121
花のある自然で美しい暮らし……122
街の花屋さんの役割……124
花屋としてのあるべき姿……126
みんなが笑顔になれるプロジェクト……128
生産者さんを巡るバスツアー……130
夢は書くことで実現する……132
ファミリーサポート……134
アトリエ華もみじ 福岡本店……136
アトリエ華もみじ 東京店……138
タネニハのこと……140
ブリコラージュフラワーレッスン……142
全国のブリコラージュフラワーのお店……144
あとがき……159

取手のついたバスケットにとびきりかわいい冬の花を。大好きな花を寄せ集めるのが、ブリコラージュフラワーの楽しみ方。（使用した花材：パンジー、ビオラ、ムスカリ、ハボタン、イベリスなど）

オレンジイエローのラナンキュラスやカレンジュラを寄せ植えにして、旬の花を集めると一期一会の花材の組み合わせを楽しめる。（使用した花材：ラナンキュラス、カレンジュラ、ゼラニウム、ライスフラワーなど）

横長のバスケットはふわふわの花材を植えると、かわいい。色の変化を楽しめるミニバラグリーンアイスと動きのあるガイラルディア。（使用した花材：ミニバラ「グリーンアイス」、ガイラルディア、バーゼリアなど）

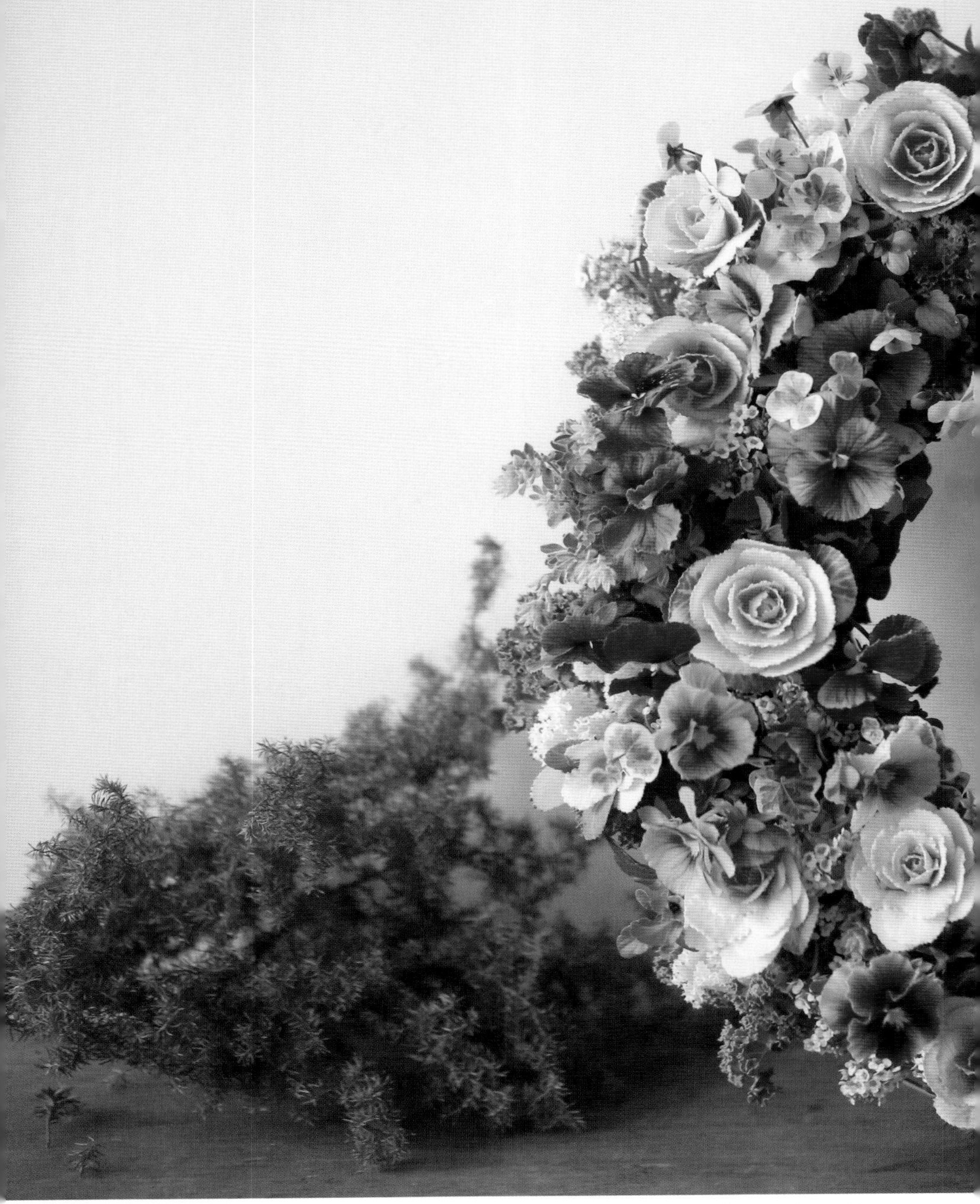

艶やかなビオラ「多摩の椛」とハボタンを使ったリース。（使用した花材：ハボタン、ビオラ「多摩の椛」、ビオラ「多摩の星空」、アリッサム、アイビー「雪ほたる」など）

たっぷりのリーフの中に背丈の小さなマリーゴールドを入れて、お花が少ない季節もリーフ類で楽しめます。（使用した花材：マリーゴールド、ペチュニア、ナツメグゼラニウム、クレマチス、リッピアなど）

秋色にシックに変化したアジサイをリーフ類と合わせて、足元が寂しくなりがちなアジサイが豪華に。（使用した花材：秋色アジサイ、アメリカヅタ、オリヅルラン・ボニー、アイビー「セシリア」など）

漆喰の壁にふんだんにビオラを使用した壁掛けスタイル。可憐な花が重なり合って美しい。
（使用した花材：パンジー、ビオラ、スキミア、アイビー、アリッサムなど）

ランの花を観葉植物と合わせて、切り花のアレンジメントのような仕上がりに。
（使用した花材：デンファレ、ユーカリ、スパティフィラム、ジャスミン「ミルキーウェイ」など）

第一章　ブリコラージュフラワー

土をほぐし、〈こころ〉がほぐされていく

根っこのついた生きた植物を寄せ集めて作るブリコラージュフラワー。

ブリコラージュ（Bricolarge）とは、フランス語で「好きなものを寄せ集めて新しい物を作る」という意味があります。

「好き」から「新しいものが生まれる」。なんて素敵な言葉でしょう。

自分が好きなお花とバスケットを選ぶ。花苗の土を手でほぐし、お気に入りのバスケットに植える。そして、自分の好きな色合いとイメージで、花を寄せていく。

花と向き合う時間は、日常生活から解放され、自分の〈こころ〉と向き合う時間なのではないでしょうか。

ついつい頑張りすぎて、ギスギスしてしまう時ほど花に目を向け、土をほぐす。すると、だんだん自分の〈こころ〉がほぐれていくような感覚になります。

私が大切にしているのは、自分の〈こころ〉を見つめ、自分と向き合う時間なのです。

大切にしているのは「好き！」という気持ち

仕事、家事、子育てと、何かと忙しい女性は自分のことを後回しにしてしまいがちです。いつの間にか、何が好きなのかわからなくなったり、仕方がないからやっていたり、好きなことをやってはいけないと、思い込んでいたりします。

以前の私も、嫌なことを我慢して「自分がやらなきゃ」と、ひとりで背負ってしまっていた時がありました。そういう時は、心も身体もしんどい。

私は嫌々やることの身体の重さ、心の辛さをなんとかしたいと思い、自分がワクワクするようなこと、好きなことに目を向けていこうと考えるようになりました。

ブリコラージュフラワーでは、「やってみたい」「これが好き！」といった生徒さんたちの気持ちを大切にしています。すると、皆さんの表情がイキイキと輝き、積極的になっていくのです。レッスンを始めた時より、どんどん笑顔になっていく方をたくさん見てきました。

「完成したお花が美しければいい」「見本どおり作れる技術を知りたい」ということではなく、大事なのは、自分自身の〈こころ〉との向き合い方。自分の〈こころ〉に素直になって、そのまま花に託し、表現することができたら、凛とした素敵な作品ができあがります。

ブリコラージュフラワーの誕生と〈ギャザリング〉

ブリコラージュフラワー誕生のベースになっている〈ギャザリング〉を初めて体験した時、私は衝撃を受けました。これまでの寄せ植えとは全く違い、自分で花苗を選び、花束のように束ね、作品を作り上げていく。その喜びは、ほかにはないものでした。

植物の土と根を崩し、根つきの植物と植物を花束のように束ね、水苔を巻いて植え込むものです。〈ギャザリング〉というのは、私の師匠である青木英郎先生が、自ら生み出した植え込みの技術です。「根鉢を崩してはいけない」という園芸のタブーを脱却した新しい植え込みの技術です。植物と植物が寄り添い合う形で、根つきの植物を植え込んでいくので、表現の幅が格段に広がりました。

そして、〈ギャザリング〉をベースに、見た目の美しさだけにとらわれず、〈こころ〉を大切にする気持ちを盛り込んだ「ブリコラージュフラワー」が誕生しました。

土に触れて〈こころ〉がワクワクする。なんともいえない幸福感と感動を、たくさんの人に知ってもらいたい。いつのまにか私も「先生」と呼ばれるようになりましたが、今も皆さんと同じ気持ちで、もっと素敵な作品を作れるようになりたいと思っています。

初めてギャザリングを体験した日に作った作品。
10月のまだ花上がりの少ないビオラがナチュラルな雰囲気を出している。

花は、ただそこに咲いているだけで美しい

「誰よりもたくさんの作品を作り続ける」、「誰よりも美しい作品を作りたい！」

昔の私は、メラメラと燃えていました。

でも、気持ちを入れすぎて、ぎこちない作品になっていきました。

何度もスランプを体験し、「私らしさってなんだろう」と疑問に思う日々が続き、だんだん疲れてしまいました。

皆が欲しいと思う作品、すぐに売れてくれる作品を作らなければ…。肩に力が入りすぎてしまっていたのだと思います。

それで、何もかもが嫌になりました。

「もう誰にも認められなくてもいい、自分の好きなように作ろう」と心に決め、使う花の量や費用を考えずに、好きな花だけを集めて好きなように作ってみました。

パッとしないけど、野原に凛として咲いた一輪の花。そよそよ風になびくしなやかな枝。私が大好きな風景を表現したい。そうして〈自分が好き〉という気持ちを大切にして作った作品が、二〇一五年開催の『世界フラワーガーデンショー』の金賞を授賞しました。

2015年世界フラワーガーデンショーで金賞を授賞した作品。コンテスト映えを無視して思い切って自然な風合いに仕上げた作品。

野原を思わせるナチュラルスタイル

作品は〈こころ〉の鏡。私は自分の〈こころ〉に素直に、ありのままを表現していくことが大切だと思っています。

「自分の技術で美しい作品に仕上げよう」などというのは、ちょっとおこがましい。花はただそこに咲いているだけで美しいのですから。

あまり触りすぎず、植物と植物がストレスのない空間をとり、まるで野原をそのまま切り取ったように、バスケットに植えよう。私はいつも、そんな気持ちでブリコラージュフラワーを作っています。

ですから、私が作るブリコラージュフラワーは、作り込んだ美しさというより、どこか野原を思わせるような、優しさと癒やしがあふれる作風になっています。

いろいろな方法があると思いますが、私が表現したいのは、そんなナチュラルスタイルなのです。

作品には自分の内面が現れる

これまでの経験からわかったことは、技術でカバーしようとしても、ごまかせないということ。インスタ映えするような作品を作り、写真がきれいで、アップしても、必ずしもかわいいと言ってくれるとは限りません。

私は自分の内面を成長させることを意識しています。

成長というのは、今のありのままの自分でいいよという部分もありますが、もっと素敵な自分にしていきたいという向上心。「ありのままの自分」に加え「もっと自分を高めたい」という気持ちがあると、作品はよくなっていきます。

たとえば、所作。手つきや動作の美しさは作品に影響します。

動作と内面というと、一見関係なさそうですが、動作をひとつひとつ整えようという意識が大切だと思います。しぐさだけよくしようとしてもダメで、自分の内面が所作に現れます。作品のちょっとした表情や、作品を作っていく過程で葉が汚れないようにするとか、そういうところにつながっていくのです。

ありのままの自分でいい

私は自分をごまかしている時期がずっとありました。ありのままの自分でいいと思えるようになったのは、最近のことです。それまでは、「ちゃんとしないといけない」というような意識が強くありました。会社を経営している立場であり、女性としてもそうだし、親としてもそうだし、生徒さんもいるから先生としてちゃんとしないといけないといった意識がありました。

肩の力が抜けてきたのには、理由があります。

体調を崩して一週間も仕事を休むなどということは、今までは考えられませんでした。インスタライブの配信はもちろん、レッスンも行い、花苗セットも作って、全部自分で背負ってきましたし。最近はスタッフも増えて、みんな自立するようになり、安心してまかせられるようになってきました。私がいなくても、いろいろなことが回るようになったから、肩の荷がおりたということなのです。

だんだん、自分らしさがわかってくる

これまでの自分の作品を見ていくと、その時の感情が作品に出ているのがわかります。「この時期は、苦しんでいた時だったから必死さが作品に出ている」「迷走してまた苦しんでいる」「この辺になると、ホッとして、くだけて、自分らしく表現できている」というように、その時々の〈こころ〉の様子が全部わかってしまいます。だから、誰かと比べて、「絶対きれいに作ろう」という変な力みを持たないようにしています。

生徒さんの作品を見ても、同じです。焦りや苦しみ、萎縮しているとか、解放されているとか。自然体がいいと思います。悲しいときは悲しいし、元気がないときは元気がないでいい。頑張りすぎず、ありのままの自分で作品に取り組むこと。それを繰り返していると、自分らしさというものが、だんだんわかってきます。

自分はこれでいいんだ。今の自分はこれなんだと、認めてあげることが大切だと思います。それが美しさなのではないかと、私は思います。

みんなから「かわいい」と言ってもらえると、自己肯定感も高まります。

ハボタンリースからすべてが始まっている

ハボタンとの出会いは二〇一五年。

アトリエ華もみじの店をオープンする前、私がフリーの花屋を始めたころでした。

市場から花苗の仕入れができず、細々と活動していたころでした。いつか生産者さんと交流し、生産者さんの想いを伝えていくような花屋になりたいと、夢みていました。

そんな時〈ギャザリング〉を通して知り合った秋田緑花農園の秋田茂良さんが、なんと、ハボタンブーケ（ブーケのように仕立てたハボタンの苗）を送ってくれたのです。

生産者さんから直接届いたハボタンに感動し、初めてハボタンリースを作りました。

このような素晴らしい花苗を一般のお客様方へ伝えていくことが、花屋の使命だと感じました。それからの私は、生産者さんが心をこめて育ててくれた植物を組み合わせて、たくさんのブリコラージュフラワーの作品を作り、その美しさを伝えていくことになります。

その年の初めに届いたハボタンブーケでハボタンリースを作ることが、毎年の恒例となり、私にとって、とても神聖な儀式になりました。

ハボタンリースから私の物語のすべてが始まっていると言っても過言ではありません。

ハボタンに導かれながら歩んできた私のストーリー。

ハボタンリースの写真は、私の成長の記録です。

ハボタンリースの感動

私がそうだったように、ディプロマレッスンを受講されている生徒さんやハボタンリースのワークショップに参加してくださった方、リースの完成品を購入していただいた皆さんもハボタンリースから得る感動があるようです。

このリースから、どれだけの笑顔が生まれたことでしょう。

ハボタンリースは、写真のとおり、小さなハボタンを使ってリースに仕立てています。現在では、いろいろな種類のハボタンが出回るようになりました。

ひと昔前の印象ですと、ハボタンは大きなキャベツ。お正月の門松にも紅白のハボタン（実際には紫色と白）が使われていました。

秋田緑花農園では、「ハボタンブーケ」という名前をつけて、小さなポットに花束のように仕立ててくれています。

種をまき、小さなカイワレのような芽を一本ずつ、一ポットに九本、人の手で丁寧に挿していきます。九本というのもポイントで、代表の秋田茂良さんが「花束みたいに見えるように仕立てるには九本がベストだ」ということで、九本植えになったそうです。

進化するハボタンブーケ

秋田緑花農園で栽培されているハボタンブーケも進化しています。

植物なので、気候や気温に大きく左右されるため、毎年きっちり同じように仕上がるわけではありません。そんな中でも葉の大きさ、色の出方、茎の大きさ、全体のボリュームなど、試行錯誤しながら作られています。

二〇一五年に初めてハボタンブーケを送ってもらってから、生産者の秋田さんと意見を交わし、改良を重ねました。ハボタンにはたくさんの品種があるので、私は栽培する品種を決めるときに、作品を作る視点から意見を伝えました。

ここ近年は、少しシックな色合いになるような品種を栽培してもらっています。

二〇二〇年六月、私は秋田緑花農園の副社長になりました。日々の農園スタッフの努力を目の当たりにし、ハボタンブーケを栽培する大変さをひしひしと感じています。

そんなこともあり、二〇二〇年のリースは、ハボタンブーケの素晴らしさに、花屋だったころの感動とはまた別の感動しながら大切に作りました。

ハボタンリース デザインの変遷

2015

ハボタンブーケを精一杯束ねているのが伝わってくる初々しい作品第一号。まだ何もわからず、とにかく束ねるのが楽しくて夢中で作っていました。

2016

独自性を模索して、人と違う作品を探し求めていました。
早く使いたくて、秋田さんにすぐに出荷してもらったハボタンブーケ。まだ色がしっかり出ていない状態でした。花材がいい状態になるまで待つことも大事だと気づきました。

2017

自分らしい作品作りに没頭していたころ。
この年は、いかにふわふわなリースに仕上げるかを研究していた時期。ハボタンの高低差、レイヤー感を徹底的に研究しました。

2018

自分らしさを追求し、ブリコラージュフラワーとして新しく出発した時期。
自分の役割、あるべき姿に確信を持ち始めました。

2019

新たな出発として自分と向き合った1年。
このころになると、すっきりまとまった仕上がりに。
でも、まとまり過ぎて、もっと冒険したいという気持ちもありました。

2020

新しい世界へ羽ばたく年になりました。

2021

この年はシックな色合いになるようなハボタンの品種でアソートしてもらいました。
しっとり、大人の装いのハボタンリースができました。

2022

心の葛藤や憤り、挫折、喜び、感動。
たくさんの想いを重ねながら私の作品が進化していきます。
これからもずっと歴史を重ねていけたらいいなと、願いをこめて。

ハボタンの定植作業

秋田緑花農園では、夏にハボタンの定植作業が行われます。

定植というのは、種をまいて芽吹いた双葉をポットに植えていく作業のことです。

私たちが毎年、十二月に楽しみにしているハボタンリース。

このリースに使うのが、秋田緑花農園の「ハボタンブーケ」なのです。ブーケという名前は、ポットのままで、まるでブーケに見えるように仕立てているから。芽吹いた双葉を、一本ずつお箸を使って、ポットに九本ずつ植えていきます。すべて手作業で一本ずつ。五千ポットのハボタンブーケを育てるために、四万五千本の双葉を一本一本植えていくというわけです。

しかも、この作業をたった一週間で仕上げなければ、十一月末の出荷に間に合いません。真夏の暑いハウスの中で、農園スタッフさん総出で行っても、終わる量ではありません。

そこで、アトリエ華もみじのスタッフやディプロマ生に協力してもらい、定植作業を行っています。真夏に、この作業があるおかげで、十二月のハボタンリースを堪能できるのです。

花苗が私たちの手元に届くありがたさ、生産者さんの日々の苦労の積み重ね、そして、愛情を感じることができる作業なのです。

ポットに9本植えるのがハボタンブーケの特徴。トレーで発芽させた双葉をお箸を使って1本ずつ植えていく。初めての人でもきれいに植えられるようにスケールなどを用意している。

定植
セット

定植を終えたポットがずらりと並ぶ（写真・上）。定植作業は8月上旬なので、暑さ対策をしっかりと（写真・中段左）。定植ツアーには全国から花屋さんやレッスン生が参加する。

第二章　ブリコラージュフラワーの作り方

才能なんてない。あるのはひたむきな情熱だけ

私が十八歳のころ、イングリッシュガーデンに憧れ、「イギリスの窓辺にあるようなモコモコの寄せ植えを作れるようになりたい」と夢見ていたころに作った作品があります。

クリスマスらしい寄せ植えを作りたいと、頭の中でクリスマスをイメージし、園芸店で器や花材を集めました。モミノキ、ポインセチア、ヒイラギ、雪、星…。

いろいろな花材や資材が入っています。温かみを出したくて、ウッドプランターを選び、寒い冬ですが、ふわふわした感じを出したくてヘリクリサム。マツボックリも入れました。ウッドチップを垣根に見立てたり、遊び心が表現したくてツルニチニチソウのつるをぐるりと巻いたり。大好きなハートカズラも入っています。今、考えると、ずいぶん欲張りな寄せ植えです。とてもかわいくできました。

これが、私が初めて作った寄せ植えの作品です。すべては、ここからスタートしました。ずば抜けた才能はありません。あるのはひたむきな情熱だけです。

その時の自分のベストを尽くす。今の自分にできる精一杯で取り組むこと。

自分の〈こころ〉に素直に、ありのままの自分を表現できれば、それが本当の美しさなのだと思います。

1. 器を選ぶ

通常の園芸では、市販の鉢を選びます。水はけのよい穴の空いた陶器や素焼きの鉢です。ブリコラージュフラワーは単に植物が成長していくのを楽しむだけでなく、飾ったその日から作品そのものを楽しめます。そして、長くお部屋やお庭で育てていくため、器選びがとても大切です。

器は園芸用に限らず、デザインに凝った日常使いのバスケットや長年使い込んだアンティーク感たっぷりのバスケットも素敵です。バスケットだけを飾るより、植物と合わせることによってバスケットと植物の両方が引き立てあいます。長く飾るなら、愛着を持って好きなデザインのバスケットをぜひ選びましょう。

園芸用の器の中では、海外のものや作家さんの手作りのものも素敵です。海外の器は古くから愛されているデザインのものが多く、シンプルで控えめですが、存在感のあるものばかりです。

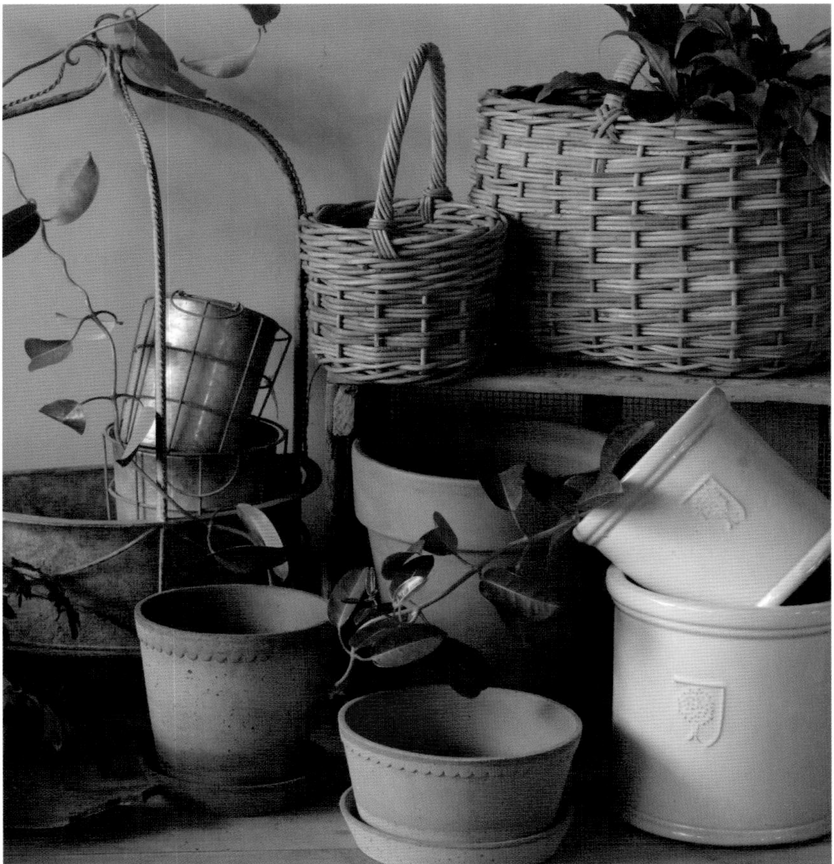

英国園芸協会のRHSシリーズ。シンプルで艶のある釉薬鉢ですが、派手さはなく和から洋のお部屋やお庭にもよくなじみます。カラー展開がホワイト、オリーブ、グレー。贈り物の作品にも喜ばれます。

メイド・イン・イングランドのバーグスポターの素焼き鉢。通気性もよくシンプルで歴史あるデザインが大人シックな演出をしてくれます。

2. 植物を選ぶ

ブリコラージュフラワーが大切にしているものは「この花が好き！」という気持ちです。これを使わないといけないなどの決まりはありません。大切なのは、自分自身がこれを使いたいなと思った気持ちです。花苗は花屋さんで季節に合った植物が並んでいます。お気に入りのメインになるとっておきの花と、メインに合わせるサブの花には小花も素敵です。それと花を引き立ててくれるカラーリーフを。カラーリーフはポットに何本も植えているものも多く、分けて使うことができるので花の表情を引き立ててくれます。

メインの花とサブの花とリーフが揃えば、自分のオリジナルの作品が完成します。
ブリコラージュフラワーは選んだ植物の根鉢を少し落とし、ひとつの花束に仕上げて器やバスケットに植えていきます。

花苗は、しっかりと根っこが張っていて元気なものを選びましょう。
成長途中ではなく、花が咲き揃っていて満開のものを使うと華やかに仕上がります。

3. ブリコラージュフラワーを作る

器と花を選んだら実際に植えてみましょう。好きな花を選んで自分らしい作品を作る時間は、特別な時間です。ひとつひとつの植物を見つめながら束ねる時間を楽しみましょう。

4. 道具について

アトリエ華もみじでは、道具は真っ白なものを使っています。土で汚れが目立ってしまうのではと思いがちですが、白い道具は花の色合いをパッと引き立て、植物本来の色を見ながらブリコラージュできます。
また、白は汚れが目立つ分きれいにお手入れしようと気持ちが動きます。自分の心をほぐす大切な時間に使う道具は、いつも真っ白で気持ちよく揃えておきましょう。白いエプロン、白いタオルを使うのも気持ちがよくておすすめです。

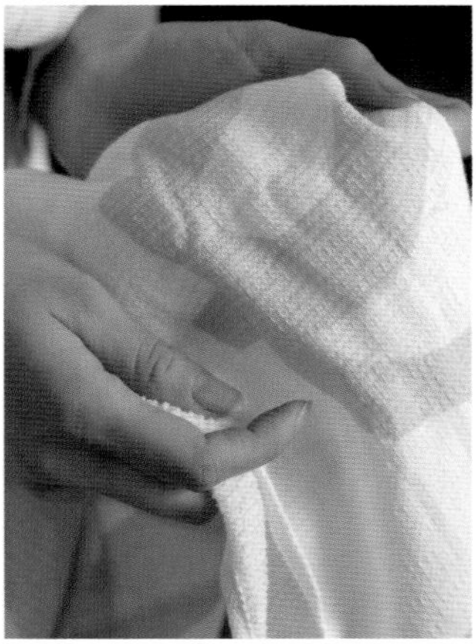

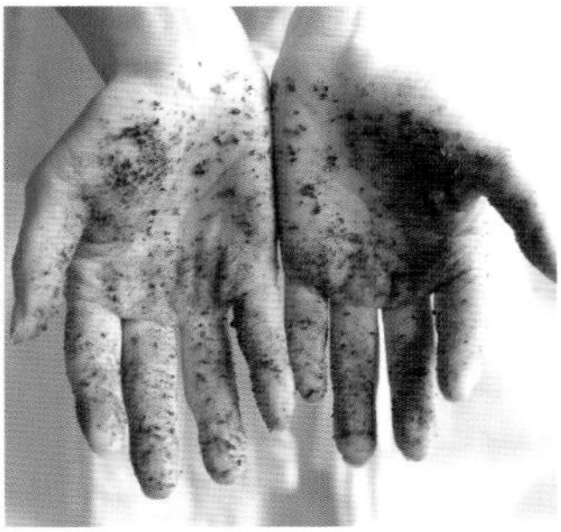

バケツを2個用意します。場所を取るので小ぶりで持ち運びが楽なものを選んでください。ひとつは水苔を入れ、もうひとつは手先を洗うために使いましょう。

テーブルに土を入れる大きめのタライを用意します。この中に土を落としていけば土は外に散らばりません。深さ15cmほど、なるべく広いものがよいでしょう。

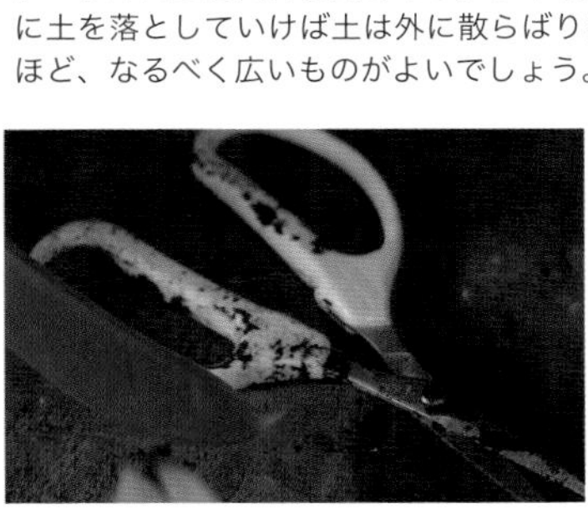

植物の葉や枝を落とすためのハサミ。繊細な苗の小さな葉も切り取れるように刃先が細いものがおすすめ。クラフトチョキが使いやすいです。

5. ヤシの実チップと水苔について

ブリコラージュフラワーではヤシの実チップの「ベラボン」を使っています。軽くて手が汚れにくく、植物の根の成長を助けてくれるのでおすすめです。土のように重くないので、園芸の重くて汚れて大変なイメージを払拭してくれる画期的なもので、土に変わるプランツツールです。

いろいろな
ブリコラージュフラワー

野原をそのまま切り取ったような、自然な作品を作り出せるブリコラージュフラワー。使う花材によって様々な表現ができるのも魅力のひとつです。
器と花材、素材のセレクトで自由自在に自分らしい表現を楽しんでみてください。

ランをつかって

お祝いの花として一般的に知られているラン。コチョウランやシンビジウムなどよく見かける品種も花の色や形などたくさんの種類があります。大きくて豪華なものから、小さく可憐なものまで様々です。ブリコラージュフラワーにもランはよく使われます。足元が寂しくなりがちなので、育つ環境が近い観葉植物を束ねてボリュームを出します。

手軽でおすすめなのがマイクロコチョウラン。小さくコンパクトな花姿はテーブルの上に飾るブリコラージュにはぴったりです。

①ランをポットから取り出し、根鉢をひとまわり落としていきます。２本以上植えてあるものは分けて使います。根鉢の落としすぎに注意。

②リーフは分けて使えるものも多いです。分けて並べておきましょう。リーフの土はしっかり落としても大丈夫です。

③根鉢の下処理をした植物を束ねていきます。野原で花を摘んで花束にするイメージで。ふんわりと風が通るように束ねます。束ねる時は、水に濡らした水苔や麻紐を使います。

④③の束ねた花束を器に入れていきましょう。土の代わりに使うのはヤシの実チップがおすすめです。軽くて植えやすく、植物の根の張りもよいです。

野の花ブリコラージュ

背丈の高い植物や自然な花姿の花苗を使用すれば野の花をそのまま切り取ったような作品に仕上がります。
小さな頃に空き地で花を摘んでいた記憶。おばあちゃんと手をつないで歩いた道の脇にあふれ、種で増えた野草。懐かしいその風景をそのまま切り取って、自分らしい表現を楽しんでみましょう。

野の花を思わせる作品には、小花を全体に使うと自然な雰囲気になります。
ススキや実物など､季節感をたっぷり取り入れて。
小花の隣で小さな葉っぱの新芽が芽吹くように植物を組み合わせてみてください。
ミツバチになりきって、ミツバチの視線で作品をのぞき込むとよいでしょう。

バスケットブリコラージュ

ブリコラージュフラワーを始めた当初から、とびきり素敵なバスケットにお花を植えたいと思っていました。自然素材のバスケットと植物との相性は抜群です。日常使いのバスケットは深いもの、取手がついたものなど様々な形があります。植物の背丈とバランスの取れるものを選ぶとよいです。

華もみじではアラログ素材というバスケットを主に使用しています。水辺に生えている植物を使ったバスケットなので水濡れに強いです。毎日のお水やりで水に当たる機会が多いため、柳素材のバスケットは腐食しやすく、すぐに使えなくなってしまいます。アラログバスケットであれば３年くらいは使えるので、各シーズンで植え替え後も使え、長く楽しめます。
取手から顔を覗かせるようにお花を植えるとかわいらしさが倍増します。

リースブリコラージュ

園芸用にリース台が販売しているので、比較的どこでも手に入ります。リースはドーナツ型に植える場所が決まっているので、初心者でも取り組みやすい素材です。単体の花苗を植えてもかわいいリースですが、ブリコラージュフラワーは花やリーフを繊細に束ねた小さな花束で組み立てるので、リースの表情もとても繊細に表現できます。キュッと花がまとまっているビオラを使えば華やかに。リーフなど伸びやかな花材を多く使えば、よりナチュラルな表情に仕上がります。

リースに使う花材は背丈が低めの花材がおすすめです。きれいなドーナツ型に仕上げて、それぞれの植物の表情を楽しみましょう。

マウントスタイル

マウントスタイルは、こんもりと山のように植物を積み上げて植えています。私の師匠の青木先生が、背が低い植物を豪華で華やかに見せる植え方として考案した植え方です。360度どこからみてもきれいにまあるく仕上げるので、こんもりとボリュームのある植物をふんだんに使うと華やかになります。おすすめは冬から春のビオラやパンジーのシーズンです。くびれのあるゴブレット鉢に植えるとヨーロッパを思わせる気品が漂い目を引く美しさを表現できます。

パンジーやビオラの間に細やかなリーフやハボタンを添えて。どこからみても違う表情を楽しめるブリコラージュフラワーに仕上がります。

壁掛けスタイル

ウォールバスケットやハンギングバスケットという、専用につくられた鉢に植えて半円に仕上げる壁掛けスタイルです。
壁面に華やかさをプラスでき、豪華に仕上がります。ボールのようにまん丸に仕上げるとかわいらしくなり、動きがある植物を使うと伸びやかで自然な雰囲気になります。

多肉植物

ぷくぷくとかわいらしい多肉植物。華もみじは多肉植物ブリコラージュから始まりました。
ぷくぷくした葉のかわいらしさ、何重にも重なった葉の幾何学模様。グレートブルーが複雑に混ざったニュアンスカラーの葉色を見て、アンティークな雰囲気の鉢とぴったりではないかと思い、作品に仕上げたことがきっかけです。小さくコンパクトな作品なので、手軽に楽しめ、切り花のように自由に植え込むことができます。多肉植物をマウントスタイルを用いて植えると華やかで豪華に仕上がります。

THANK YOU♡2014.9.20

観葉植物を使って

室内で育てることを目的とされている観葉植物。ブリコラージュフラワーの1年の中では比較的花苗が少ない夏場に使われることが多いです。
葉っぱばかりで作品が華やかにならないかと思いきや、葉の色合い、大きさ質感の幅は草花より広く、自分自身の独特な表現がしやすいです。
草花と違って1年中枯れないので、寒い冬にも暖かい部屋で楽しむことができます。

David L. Culp
ROB CARDILLO

自分の作品を写真に撮っておくことが大切

自分の作品は写真に撮っておくことは大切です。自分の財産になりますから。
写真を撮ると、作品の粗が見えますし、きれいさ、繊細さもわかります。
私のカメラは独学です。ほとんどグーグルを検索して学びました。
写真を撮り始めたきっかけは、二十六歳のころ、花屋さんに務めたとき、自分の作ったブーケやアレンジはすぐにお客様に渡ってしまうので、ちゃんと写真に残しておこうと思ったからです。
最初はスマホで撮影しましたが、かわいく撮れませんでした。次は、コンパクトデジタルカメラ。
でも、なんとなく違う。繊細さが出ない。それで、ネットで検索し、一眼レフカメラがいいとわかり、友人から五千円で譲ってもらいました。花の写真で、この人の写真がいいなと思ったら、同じカメラやレンズを買ったりしていました。グーグルで初心者のカメラ講座などを検索して学びました。背景のぼかしかたなどもいろいろ書いてありますから。
たくさん撮影すれば、それだけ上達していきます。
自分の好きな雰囲気を作ることができるようになり、だんだんカメラの機種をアップしていきました。

おすすめのカメラ

花屋をやっていて毎日のように写真を撮影するので、花や植物の撮影に向いたカメラやレンズはなんとなくわかってきました。私は自分で作品を作って、自分で撮影するので、いつの間にか「写真映りのよい作品」を意識して作れるようになりました。
作品作りとカメラの撮影。両方の技術も少しずつ上がっていくので一石二鳥です。
私も初めから自分が納得できる作品が作れたわけではありませんし、写真もヘタでした。
「一眼レフカメラを買いたいのですが、何がいいでしょう?」と、よく質問されます。
おすすめのカメラは、軽くて操作が簡単なキヤノン EOS Kiss。
初心者でも撮影したその日から素敵な写真を撮ることができます。
私がキヤノンユーザーなので他のメーカーのものはわかりませんが、このカメラはきれいな写真が撮れます。

一眼レフカメラで撮影して、そのままスマホでSNSに写真をアップすることができます。Bluetoothでスマホやipadにそのまま写真を飛ばせるのでとても便利です。
カメラはボディだけを買ってください。レンズキットは買う必要ないと私は思います。レンズはおすすめのレンズがあります。

背景がボケる単焦点レンズ

私が初めて一眼レフカメラを手にしたのは二〇一一年ころ。キヤノン EOS kissシリーズの中古を譲ってもらい、キヤノン EF50mm F1.8 IIの単焦点レンズを取り付けました。

初めて撮影した時の感動ときたら！

だって背景がボケるんです。

F1.8の絞りのおかげでお花が強調されて、きれいに背景がボケる。もうプロカメラマンになった気分でした。そのくらい「わぁ、なんか違う！」と手応えを感じたレンズです。

お手頃価格で軽くて小さいので、使いやすいです。50mmという焦点距離がブリコラージュフラワーの作品や道端の植物を撮影するのにちょうどよい距離です。

一眼レフカメラで撮影をするなら、まずはこのレンズをおすすめします。

撮影技術は、撮った枚数だけ上達します。ブリコラージュフラワーの作品も同じです。

わからないなりに撮りまくって、自分のお気に入りの写真が撮れた時の条件をしっかり覚えましょう。すると、「この時間で、こういう光の時に撮ったら、いい写真が撮れた！」という感覚がわかってきます。じゃんじゃん撮影して、カメラの操作をつかむこと、技術は後からしかついてきません。

第三章　花屋になる

花屋さんで働く

「お花屋さんで働きたい」

女の子だったら小さいころに描いた夢のひとつかもしれません。

お花のいい香りと華やかさに包まれ、かわいらしいエプロンをつける。誰もが憧れる職業のひとつだと思います。

しかし、実際の花屋さんは、殺伐とした中で働いている人が多いというのが現実でした。笑顔のない店内で淡々とこなす作業。花屋さんに入って、意外と冷たい対応をする店員さんだなぁと感じたことがある方も多いと思います。

私は十八歳のころ、園芸店に勤めていました。その後、二十七歳の時には生花店にも勤めました。私も憧れを胸に園芸店に入社し、希望をもって働き始めたにもかかわらず、あっという間に笑顔で笑うことができなくなり、一年足らずで退職してしまいました。

みんなが憧れる職業でありながら、どうしてそんな結果になってしまうのでしょう。

典型的な花屋の商戦が、今の時代にあっていないということがわかります。

お店を持つ前の福岡のアトリエ。友人宅の庭を借りて作品作りをしていました。
1畳ほどの広さの小屋が寒さをしのげる唯一の場所。

結婚してからも働ける店を作りたい

小さな個人商店だと、ひとりでできる作業量は決まっているのに、なぜか薄利多売をしてしまう。これは「花の値段はこれくらい」という、スーパーやホームセンターの価格が基準になって、単価を安くしてしまっているからだと、私は思います。

「安いものしか売れない」という恐怖から離れられずに安売りしてしまいます。安売りで売れれば、ちょっとホッとします。「薄利多売」は、大企業だからできることであって、小さな個人商店が「薄利少売」すれば、利益が上がらず、だんだん苦しくなってきます。苦しくなると、笑顔でいられなくなり、人に幸せを伝える余裕もなくなってしまいます。

私が当時働いていた園芸店も、そんなお店だったので、利益が上がらないぶん、スタッフは超低賃金で働き、残業代も出ませんでした。母の日やお盆、正月には朝まで徹夜で仕事をして、翌日は一日中レジの前に立ちっぱなし。余裕のない店長は、スタッフにねぎらいの言葉もなく、スタッフ同士の会話もなく、みんな限界ギリギリの中で働いていました。とても、結婚して子供をもうけて続けていけるような環境ではありませんでした。

私は自分でお店を持てるようになったら「女性が結婚し子供を産んでも働いていける職場にしたい」と思っていました。

そんな想いから作った花屋が「アトリエ華もみじ」。私の会社です。

花苗を仕入れるのは難しい

花屋が花苗を仕入れるのは、園芸市場が中心ですが、市場で花苗を購入するということは、じつは、想像以上に敷居が高いのです。

実際に私が花屋を始める時に体験したことです。

福岡の市場の買参権（市場のセリに参加する権利）を取得するには、私の年収の何倍もの売上実績が必要という条件がありました（現在は条件が変更になったようですが）。

花屋を始めるために市場から花の仕入れをしたいのに、高額の売上実績が必要というのは、どういうことでしょう。

「漁師になりたくて船を買いたい」と言ったら、「まずは沖でマグロを釣ってから来なさい」と言われているようなもので、とても矛盾していると思いました。

次に仲卸屋さんに取り引きをお願いしました。仲卸屋さんは市場で仕入れた花苗を花屋さんに売ってくれる人たちのこと。数件ある仲卸屋さんに新規取り引きを提出したのですが、ここでも断られました。当時、私は店舗を持っていませんでした。店舗を持っていないということは、特定の住所がないということ。まったく信用してもらえなかったのです。

そんな中、一件の仲卸屋さんが「いいですよ」と言ってくれたのです。

「これで花屋になれる」と、私は意気込んだのですが、ここからが苦労の始まりでした。

花の仕入れができない

やっとの思いで、一軒の仲卸屋さんが取り引きを開始してくれました。切り花でなく花苗を専門に扱う花屋がしたかったので、花苗をたくさん仕入れたいと思っていました。市場の仲卸屋さんに足を運んでみるものの、花苗を仕入れることができませんでした。

そもそも、市場で扱っていた花苗の種類が少なく、仲卸屋さんに並ぶ花苗も数種類しかありませんでした。選ぶにも選びようがなかったのです。仲卸屋さんに相談すると、「市場開催前に下見をして、その中から欲しい苗を手に入れたらいいよ」と教えてもらいました。

早速、翌日から早起きして市場に行って、セリの前の下見をすることにしました。

たくさん並んだ花苗の中から数種類の花苗を買うのですが、一ケース二十四ポット入りの花苗を買わなければなりませんでした。店舗を持っていない私にとって、同じ種類の花苗を一ケースまるまる販売することが簡単ではないことはわかっていました。

仲卸屋さんには切り花がたくさん並んでいて、十本から二十本単位に小分けされて販売されていましたが、花苗は小分けでは販売していませんでした。たくさんの種類を少しずつ欲しいのに。仲卸屋さんを通して花苗が買えることになったものの、結局、思うように仕入れができませんでした。仕入れ自体が難しいのだと、私は頭を抱えたのでした。

多肉植物との出会い

花苗を仕入れることが難しいと知った私は、比較的仕入れがしやすい多肉植物で活動をしていくことにしました。多肉植物は一ケースに色々な品種の苗が入っていて、どれも表情が違う。そして丈夫で枯れない。

当時、本業を別に持ちながら活動する、店舗のない自称花屋の私にとって、とても都合のいいものでした。なかば仕方なく、多肉植物を取り扱う移動花屋として歩み始めることができました、それでも花屋として活動をスタートできたことは、うれしかったです。

いったい世の中の多肉植物のニーズはなにか、市場はどうなのか、どのような人がどんな多肉植物を好むのか。グーグルの検索やネットを見て研究しました。

私は自分にしかできない花屋を目指し、今の自分に与えられた環境でやれることをやり始めたのです。多肉植物しか仕入れられないという状況は、当時の私としては、悔しい思いだったのですが、この多肉植物で、どれだけ人と違う自分らしい表現ができるのかを、頭を振り絞って考えていたことが、今の活動を大きく支えています。

花苗を仕入れることができない悔しさと途方もない憤りの中でも、絶対に諦めない。できることを探し続ける思考を身につけていったのです。

移動販売の花屋としてスタート

二〇一一年、私はひとりで店舗を持たない「移動販売」の花屋としてスタートしました。花屋といっても月に一回、友人のフレンチ店の前に小さなテーブルを一つ置いて、園芸店で購入した植物を寄せ植えにして、いくつか並べて販売しました。

本業はフリーランスで、印刷物やデザイン、ホームページを制作していました。

小さいころからの夢だったお花屋さん。いつまでも花屋になれないもどかしさから、月に一回ならできるかもと考え、思いきって移動花屋をスタートしたのです。

もちろん、仕入れのルートもないし、たくさん花苗があっても売り切ることは難しいので、園芸店で定価の花を買い、寄せ植えにして、少しのデザイン料をプラスして販売するというスタイル。小さなカゴや素焼きのポットに多肉植物を数ポット寄せ植えして五百円で販売しました。

初めてお店を開いた時、来てくれたお客様（といっても最初は友人がほとんどでしたが）が口をそろえて「かわいい！」と言ってくれました。みんな多肉植物が好きなのかなと感じました。それから少しずつ多肉植物を扱い始めることになります。

今でも当時からの多肉植物の作品のファンの方がたくさんいてくれて、ありがたく思っています。

ほんとうは草花を扱いたかったのですが、仕入れに苦戦し、多肉植物を扱うことに。
アンティーク感のある器にぎゅっとブリコラージュしました。

GAKOちゃんとの運命的な出会い

移動販売の開催を決めたころ、運命的な出会いがありました。

同じ地域のつながりでツイッターのフォロワーだったGAKOちゃんが、金魚の貰い手を探していました。ちょうど私は金魚が欲しかったので、譲ってもらうことにしたのです。

金魚を受け取りに行った時、GAKOちゃんから「陶芸をやっているので、作品を見ませんか？」と言われました。自宅兼工房にはかわいいマグカップや陶器の器がたくさん並んでいました。それを見た私は「一緒に移動販売をしませんか？」と誘ったのです。

そんな経緯から、初めての移動販売はGAKOちゃんとのコラボ販売になりました。

彼女が作る人形たちはほっこりかわいらしい。新作ができるたびに私は勝手に名前をつけては、多肉植物とコラボして販売していくことになります。私の多肉植物の作品には彼女の作品が欠かせなくなりました。数年間、ふたりでそれぞれに作品を作り、世の中に送り出し続ける日々が始まりました。

GAKOちゃんの人形や家の制作が追いつかなくて、いつしか私は制作を手伝うようになりました。作っても作っても間に合わなかったほど人気がありました。あのころ、求められると、つい応えようとする二人。多肉でちまちま、粘土でコネコネし続けた日々は、私たちの心も、技術も感性も、大きく成長させてくれました。

超ロングセラーとなった多肉植物の箱庭風寄せ植え。GAKOちゃんが作る人形のキャラクター「にょきっち」を家族の人数分作るオーダーメイドの作品。

小さな花屋さんが継続して営業を続けていける仕組み

二〇二〇年六月、花屋・アトリエ華もみじを経営する一方で、私は花苗生産の会社・秋田緑花農園の共同代表に就任しました。

もともと花苗の生産の研究やアドバイスをともにやっていた会社同士だったので、業務提携のような取り組みは数年前から行っていました。ただ、業務提携となると、踏み込めない部分が多く、アドバイスが中心になっていました。

アドバイスは「こうするといいと思います」というように、表面的になりがちです。それを取り入れてくれるかどうかは、どこまで心に響くように伝えられたかということと、相手の環境が、それを受け入れる状況にあるかどうかということにも関係します。

代表の秋田さんと私は、ずっと「こうしたらいいと思う」「こうしてみてはどうだろう」を繰り返しながら、それぞれの会社を試行錯誤しながら整えてきました。

お互いにうまくいったことを伝え合い、自社に生かし、また修正していく。そういったことを何度も繰り返していきました。

互いの会社をうまく連携できないかと考えていた時に、やってきたのが、新型コロナウイルスでした。コロナ禍があったからこそ、私たちはそれぞれ二つの会社ではなく、ともに同じ目標を持ってひとつの事業として進めていくことを決意できたのです。

秋田緑花農園のオリジナル育種ビオラ「多摩の椛」。
パッと目を引く存在感でブリコラージュに欠かせない花。

当たり前の花を特別に

私は花の仕入れを始めてから、いろいろな植物を扱ってきました。とても希少価値が高くて手に入りにくい植物もありましたし、珍しい品種や新品種の植物も扱ってきました。たくさんの花を寄せ植えにしていくと、枯れてしまう植物が出てきます。腐ってしまった植物、花が咲かない植物など。すべての植物が元気なわけではありません。

原因は、植え方が悪かったり、水やりの仕方が悪かったり、気候の条件が合わなかったり、そもそも弱い植物だったり。様々な原因が考えられるので、これが原因だとは言い切れません。

その一方で、どんな時も元気でいてくれる植物もあります。

少々雑に植えたのに元気。次々花を咲かせる、花の時期が長い、どんな状況でも育つ。そんな丈夫な植物は、よく流通していて誰でも手に入りやすいものです。

そうした丈夫な植物をさらにかわいくアレンジできるような花屋になりたいと思っています。どこでも手に入る一般的な花も、組み合わせ次第でこんなに素敵になるなんてびっくり！と、みんなに言われるようなブリコラージュフラワーの作品を作っていきたいと思います。

アトリエ華もみじの営業スタイル

アトリエ華もみじでは、切り花は扱わず花苗のみを取り扱っています。

一般の園芸店とも少し違って、花苗を陳列する広いスペースはなく、駐車場二台分ほどの花苗置き場に一週間分の販売する花苗を陳列しています。

きれいにディスプレイした花苗は、七〇％は営業の主軸である寄せ植え教室で使われ、二〇％はオンラインショップの寄せ植え用花苗セットとして全国へ発送しています。

およそ一週間で商品が回転するようにしていて、お客様が店を訪れた時に、先週とは違った商品に出会えるようにしています。

アトリエ華もみじを設立したのが九年前。当初からブリコラージュフラワー専門店として活動を広めてきました。

ブリコラージュフラワーは、根つきの植物を使ったフラワーアレンジメントのような寄せ植えのようなもの。一般的な寄せ植えとは少し作り方が違うため、完成した作品はフラワーアレンジメントではないかと間違えるほど繊細で自由度の高いものです。

コチョウランとキクとパイナップル。ありえない組み合わせも
試してみると案外うまくいくものです。

誰かが笑顔になるためのサポート

毎月約百人の方々に、ブリコラージュフラワーの教室に参加していただいています。

ブリコラージュフラワーとは、ただの寄せ植えにとどまらず、奥深い意味を持たせています。ただの寄せ植えというひとつのものではなく、ブリコラージュフラワーはビジョンと理念を持ち、その理念を深く理解してくれた方々に教室に参加していただいています。

ブリコラージュフラワーを体験する人は、主に女性です。

年齢層は三十〜六十代。

レッスンでは様々なバスケットや鉢に植え、月毎にテーマはありますが、花苗はすべて生徒さんたちが選びます。

この「自分で選んで、構成を組み立て、自分で仕上げる」というステップが、とても充実感と満足感を得られるのです。

講師は手取り足取り教えることはなく、体験している人の個性を引き出しながらサポートをする。最低限の指導しかしません。あくまで、自分で花を選び、自分で構成を考え作り上げるステップのお手伝いをするだけです。

植え方の技術だけを伝えるのではなく、誰かが笑顔になるためのサポートをする。

それが、私たちが一番大切にしていることなのです。

経験が必要なディスプレイ

アトリエ華もみじでは、毎週水曜日の午後が花苗の入荷日です。花苗の仕入れは、ほぼ私が担当しているのですが、仕入れた後は「おみせ部」のスタッフが中心になって陳列ディスプレイや値つけをしています。

今の体制が整うまで、陳列ディスプレイは、ほぼ私一人でやっていました。陳列ディスプレイをどう整えるかによってお店のイメージも大きく変わりますし、お客様が手にとってくれるかどうかも変わってきます。

ディスプレイは、センスというより経験がとても大切です。センスは経験から養われるものなので、ディスプレイを素敵で見やすく、お客様が買いたくなるようにするには、試行錯誤しながら学ぶ経験が必要になってきます。

レッスンの合間の休憩場所も心地よくコーディネイト。
余白を多く作ると、ブリコラージュフラワーが引き立つ。

スタッフに情報を伝えるための回診

私がこれまで培ってきた陳列やデイスプレイ列のノウハウを、スタッフに伝える場として始めたのが、回診です。「白い巨塔」というドラマのシーンのように、スタッフみんなを引き連れながら店内を回り、チェックポイントを伝えていきます。

十五分ほどですが、週に何度かスタッフと一緒に回診を行います。「もっとこうしたら素敵に見えるよ」「お客様が手にとってくれるよ」というようにアドバイスしていきます。

この回診を始めてから、スタッフが、メキメキと陳列の腕を上げています。研修の時間を設けるより、その日、その月、季節ごとに細かく変わっていくリアルなお店の状況が一番勉強になるのではないかと思います。

じつは、この回診は秋田緑花農園で毎週行われています。それを真似して、アトリエ華もみじで取り入れました。農園では百種類以上もの植物を栽培していますが、植物たちをチェックしながら代表の秋田さんがポイントを伝えていたのです。私も一緒に回り、植物の性質や今の生育状況や管理の仕方も教えてもらい、みんなで共有することができました。

人にたずねたり、本を読むことも勉強になりますが、やはり自分の目で見て、体験しながら覚えていくことが、自分自身の知識と経験になっていくのではないかと思います。

この回診は、たぶんどんな業種にでも、家庭でも応用できると思います。

コロナ禍でもみんなに笑顔を届けたい

レッスンは対面で一回に十人ほどの人数で行っています。

笑顔になるためのお手伝いを会社の主軸に活動していた私たちにも、例外なくコロナ禍が襲ってきました。緊急事態宣言の不安の中、やむをえず、休業することになりました。

生徒さんたちから、不安の声がたくさん届きました。「華もみじに行きたい」「ブリコラージュフラワーを作りたい」。そんなメッセージをインスタグラムで毎日目にしました。

生徒さんの中にはブリコラージュフラワーを学んで独立開業した方もたくさんいます。開業した生徒さんからも、「今後どうなってしまうのか不安だ」という声も届きました。

私自身もこのまま営業できなくなってしまうのではないかという不安であふれていましたが、皆さんの不安をなんとか笑顔に変えたいと考え、インスタグラムのライブ配信機能を使って、皆さんを元気づけることにしたのです。

二〇二〇年五月は一カ月間、毎日、夜の二十一時から約一時間ライブ配信を続けました。ブリコラージュフラワーを作りたい、笑顔になりたいみんなへ、ライブ配信中に私は毎日作品を作りながら、皆さんから寄せられるコメントをリアルタイムで読んでいくということを続けました。

インスタグラムのライブ配信

自分自身の不安も紛らわすように、毎晩、作品を作り続けました。
私は生徒さんに直接会えなくても、配信中に送られるコメントから生徒さんとコミュニケーションを取り続けました。
手に持った花を見せ、「これ、かわいいでしょ！」と伝えると、みんな一斉に「かわいいです！」とコメントを返してくれます。そこには、みんなで時間を共有するライブ感がありました。まるで、アトリエ華もみじの店に来て、みんなで一緒に作品を作っているような感覚があったのです。
配信を見ている方の人数は日毎に増え、生徒さんに会いたいがゆえの初めてのライブ配信でしたが、いつの間にか新しい視聴者が増えていきました。
一カ月限定のライブ配信の予定でしたが、あまりに反響が大きく、「続けてほしい」という声があり、その後も回数を減らしながら現在も続けています。

ライブ配信の思いがけない効果

みんなを元気づけたくて始めたライブ配信ですが、続けていくうちに、「同じ作品を作りたい！」「花苗を自宅に届けてほしい」という声が多数寄せられました。

そこで、花苗セットを購入してくださった方と一緒に同じ花苗で、ライブ配信でリアルタイムにレッスンを行う企画を考えました。花苗セットは、想像を超える数が完売。レッスンは一般の方にも公開し、まるでフェスティバルのように大盛り上がりしたのです。

遠く離れていても、皆さんと一緒に同じ時間を共有できる。この体感は、その後の華もみじの営業に大きく反映されていきます。

ライブ配信でブリコラージュフラワーの楽しさと喜びを伝えながら、花苗セットや器を買ってもらう。そして、作品を作った方には、インスタグラムに写真を投稿してもらう。投稿された内容は仲間同士がほめ合い、励まし合う。その好循環はどんどん広まっていきました。ブリコラージュフラワーを体験している人は、皆さん笑顔で明るい。そして、そこに集まる人たちをさらに笑顔にしていきました。

二〇二三年四月にはアトリエ華もみじのインスタグラムのフォロワー数は、一万九千人を越え、今なお増え続けています。

この体験から、私は本来の花屋のあるべき姿がここにあると確信したのです。

花屋が街や人を明るく照らす

コロナ禍でインスタライブ配信を続けたことで、気がついたことがあります。花屋は花を販売するだけではないということです。日々の暮らしを豊かに、笑顔にする街の中心にあるべきものだと、私は考えます。本来、花は人を癒し、心を豊かにしてくれるものです。花が持っている特性を私たち花屋は、素材として使い、別の形にして人々を笑顔にしていくものなのです。花で人々を笑顔にするのではなく、花を届けていく私たち花屋が、街や人を明るく照らしていくのだと思います。

ギフトや日常に飾る花を販売するだけでは、他社との商品の差別化や価格競争で戦わなくてはいけません。珍しい植物を取り揃え、デザイン技術をあげる。母の日などのイベントを取り入れるなど、これまでのアプローチだけでなく、お客様が花を通して、日々の暮らしを華やかに過ごしてもらうことが、私たちの役割なのではないかと思います。

お客様に華やかな気持ちになってもらい笑顔につなげるために、自分の店に一体何ができるのか。日々、追求し、改善していく姿勢こそが、困難な時にもファンを増やし続けることにつながっていくのではないかと、私は思います。

人との触れ合いとコミュニティ

インスタグラムでのライブ配信を初めて以来、アトリエ華もみじは、花苗セットやオンラインレッスンの非対面での業績を伸ばしてきました。

二〇二一年九月、アトリエ華もみじは、本店の移転にふみきりました。

オンラインで物が売れるコロナ時代、実店舗やオフィスを持たない選択を取る企業が増える中、アトリエ華もみじは、リアル店舗にさらに力を入れていくことにしたのです。

さらに、二〇二二年十一月には、アトリエ華もみじ東京店をオープンしました。

新店舗では、これまでどおり対面でのレッスンを行うほか、心地よい空間を利用して人と人が交流できるイベントを増やしています。地域の人々がここを拠点につながり、共感し、心を豊かにする場となることを願います。コロナ禍で自宅にいる時間が増えたことで花卉園芸業界は需要を伸ばしたと思いますが、これは一過性のものに過ぎません。状況が落ち着き、外に出る機会が増えれば、必然的に植物を育てる機会も減ってくるかもしれません。だからこそ、人々の暮らしが変わっても、人の心に必要だと残り続けるものを提案していく必要があります。ライブ配信で人が集まり、笑顔があふれ、コミュニティが生まれたように、人は人との関わり合いを持ち、喜びを誰かに伝えたいと思うものだからです。

第四章　アトリエ華もみじ

花のある自然で美しい暮らし

いつも足を運びたくなるような、そこに行けばなんだか心が華やかになるような、そんな花屋が自分の街にあったら。きっとその地域は素敵な街になると思います。

植物の育て方や管理の仕方を伝えることだけが花屋の役割ではなく、花のある自然で美しい暮らしを体感してもらうことが、花を暮らしに取り入れる人を増やすことつながっていきます。

花は生活必需品ではないと思われるかもしれませんが、私は、花は心の健康を保つための必需品だと考えています。

心華やかに、花のある自然で美しい暮らしが広がっていくこと。このことを私たち花屋は、心の真ん中に置いて活動していくことが、街中の幸せへと続いていくのです。

街の花屋さんの役割

あなたの街には花屋さんがありますか。

「花屋さん」とひとことで言っても、営業スタイルは様々です。花束を作ってくれる小さな生花店、花苗や植木鉢、土などの用土が並んでいる園芸店やホームセンター。おそらく、皆さんが住んでいる地域には、花屋さんが少なくとも一軒はあるのではないかと思います。

小さな女の子が憧れる職業の上位にはいつも花屋さんがあります。私たち女性にとっては男性に比べ、花屋さんは特に身近な存在です。

私も幼少期に花屋さんになりたいという夢を画用紙に描いていました。五歳の時にクレヨンで描いたものです。小さな赤い屋根の平家の建物で、小さな窓辺には鉢花が並べてあります。店先に並んだ鉢花、手に花をもった自分と、それを受け取るお客様。そこに描かれた人たちは、みんなにっこりと笑っていて、青い空には太陽と虹、そして羽を大きく広げた鳥の姿も描きました。とても晴れやかで、喜びにあふれたクレヨン画だったのを覚えています。

みなさんの街にある花屋さんはどんな風景ですか。

花屋としてのあるべき姿

私が幼いころに描いたような、晴れやかで華やかな笑顔の風景が広がっているでしょうか。日々の暮らしの中で、つい立ち寄りたくなる、お花を一輪飾ってみようかしらとイメージが膨らむ、そんな花屋さんはどのくらいありますか。

私は幼い時に描いた絵のような、楽しそうでみんながニコニコしていて、華やかなお花であふれる、そんな花屋を目指しています。

販売形態は実店舗での花苗の販売とブリコラージュフラワーの教室、オンラインショップ、資材や花苗セットの販売です。

コロナ禍の影響で、一旦お店や教室を休業した時期がありました。

先行きの見えない状況で不安の中でしたが、その時に挑戦したインスタグラムでのライブ配信などからひとつ「花屋としての本来あるべき姿」を感じ取ることができました。

現在もその「あるべき姿」の実現の途中ですが、花卉園芸業界のみなさんにも私たちが実現しようとしていることを知ってもらうことで、この業界の発展、そして花卉園芸業界の発展が人々の暮らしを笑顔にし、地域や街によい風が吹くことと信じています。

みんなが笑顔になれるプロジェクト

秋田緑花農園では、年間百種類以上、約三百品種の花苗を生産しています。
主な流通手段として、園芸市場に出荷する方法です。しかし、出荷した後は、誰が買ってくれたのかわかりません。花苗がよかったのか、悪かったのか。気に入ってくれたのかどうかもわかりません。また、「市場ウケ」する品種や見栄えにする必要が出てきます。花屋さんとその先の一般のお客様へ花苗を届けたいのに、お客様がどんなものが欲しいのか、どんな仕上がりを求めているのかもわからないのです。

そこで、花屋と生産者がつながる方法として、市場を通さず、直接宅急便で花苗を送る出荷方法のシェアを増やしてきました。秋田緑花農園の目的は、街に、暮らしに花を増やすこと。子どもからお年寄りまで、気軽に花を手に取ることができ、そして、花を通して癒しのタネをまくことです。そのためには、一ケースに一種類の花苗ではなく、多品種を入れて出荷する仕組みが必要です。

小さな花屋さんの店先にも様々な種類の花苗を並べることができれば、街の人々にもっと花を手に取ってもらう機会を増やすことができると考えています。花屋さんも生産農家もお客様も、みんなが笑顔になれるプロジェクトを進めていきたいと思っています。

生産者さんを巡るバスツアー

二〇二三年四月、三年ぶりにバスツアーを開催しました。今回は関東の生産者さんの訪問です。九州、関東、東北から卒業生、現役生ら三〇人が参加しました。

ディプロマレッスンを始めたのは八年前。さまざまなことが変化する中で、このレッスンだけはずっと私が担当しています。生徒さんとは毎月一回、一年間のコースです。作品作りのフォローをしながら、楽しい話をしたり、悩みを聞いたり、励ましたり。ひとりひとりの生徒さんと向き合いながらレッスンをしています。レッスンを受ける場所、受講の時期や卒業もバラバラだった生徒さんたちが、アトリエ華もみじ東京店のある東久留米市に集まり、仲よさそうに「せんせい！」と声をかけてくれている。

時空を超えた不思議な光景を、私は見つめていました。

生徒さんたちが、女子高生みたいにゲラゲラ笑いながら楽しそうに過ごしている姿を目にし、私はレッスンを続けてきて、よかったと思いました。そして、スタッフが協力し、皆さんのことを考えて行動してくれたこと。私ひとりでスタートしたアトリエ華もみじが、スタッフとともに、たくさんの人の笑顔につながり、これからも変化し続けること。その長く終わりのない道のりのひとつの通過点としての光景を見ることができたことが、うれしいです。私たちはこれからも「花のある自然で美しい暮らし」の実現へ進んでいきます。

夢は書くことで実現する

「口に出して夢を語り、書くことで、夢は実現する」ということを耳にします。言葉にすることで意識や思考が夢に向き、アンテナも張るので夢の実現に向けて近づけるのだと思います。

私は、自分の夢を言葉や文章にして、自分を追い詰めることで、なんとしてもやらなければいけない状態を作っています。何もやりたくないし、ボーッとしていたいこともあります。でも、私は、一日暇にしていると、勝手に思考が働き出して、「あれもやりたい」「これやりたいやりたい」と、心がワクワクしてくるのです。四十歳もすぎれば、自分の性格や癖とも上手につき合えるようになってきました。

アトリエ華もみじは、やっと八年目を終えて、まだまだ課題をたくさん抱えています。言い換えれば、まだまだ打つ手があり、どうにでも転ぶはずです。

ファミリーサポート

華もみじでレッスンを受けた方の中から花屋さんやお教室を開業する方がいます。プロコースの中の一割くらいの方が、自分で表現する道を選んでいます。そんな方をサポートしていくことも華もみじとしての大事な役割です。バスケットや器、花苗もシェアできる取り組みとして「farm《ファーム》 to《トゥ》 B《ビー》（農園からビジネスへの意）」という卸販売事業を二〇二三年にスタートしました。この事業は、生産者さんから直接仕入れた花苗を小ロットで購入でき、寄せ植えしやすいオリジナルの器やバスケットを一点から購入できます。オンラインショップから購入でき、全国に発送できます。九州の花を関東に、関東の花を九州に届けたりと、地域での仕入れ格差を解消したいと考えています。

また、これからの新しい取り組みとして、レッスンの伝え方や店のディスプレイ、プロモーションの勉強会、開業した方同士が意見交換できる交流会を開催するなど、サロンとしての運営を進めていきます。

店を始めたことがない方でも気軽にスタートアップができるよう、サポートに力を入れていき、全国に小さな花屋さんを増やしていきたいと思っています。

アトリエ華もみじ　福岡本店

2020年まで大野城市水城にある小さな店舗からスタートしました。駐車場2台分くらいのスペースにぎっしりと花を並べ、季節に合わせレイアウトを変更しました。毎月1回訪れるお客様や生徒さんがワクワクするような空間です。
お店は狭くスタッフもお客様も入りきれなくなり、コロナ禍の中、人が密になることを考慮して2021年大野城市乙金に移転。店舗は山のふもとにあり見晴らしのよい場所です。たくさんの人が訪れても、それぞれの人が心地よく過ごせる空間です。
そして2024年、アトリエ華もみじ福岡本店は、新しい展開へと進みます。
福岡の中心である博多駅と福岡空港から15分圏内の場所に移転します。ここでは、少人数でブリコラージュできるフラワーサロンとして営業を始めます。
少人数でゆったり行うレッスンと、お茶やおやつをいただきながら会話を楽しめるサロンです。
植物に触れる時間を楽しみ、人と人とがつながり合える空間にします。

SCID 210046 4
SCID 210047 5
SCID 210048 6
SCID210043 1
SCID 210044 2
SCID 210045 3

アトリエ華もみじ　東京店

東京店がオープンしたのは 2022 年。提携していた秋田緑花農園のガーデンで数年レッスンを行っていましたが、雨風や暑さ寒さに影響のない場所でゆったりレッスンを行いたいという想いからオープンしました。大きな倉庫を丸ごと一棟お店にしているので、レッスンは 12 名がゆったり行え、レッスンの途中にお茶を飲めるスペースもあります。広い店内にはたくさんの観葉植物が並び、器やバスケットのほかにリネン服や暮らしの道具も並びます。駐車場も広いため、遠くからたくさんの方が足を運んでくれる都会のオアシスです。

〒 203-0031
東京都東久留米市南町 2-5-16
TEL 042-452-5158
OPEN 月定休 11：00 ～ 16：00
@87momiji
https://www.hana-momiji.net/

タネニハのこと

東京店から徒歩５分のところに秋田緑花農園のハウスや畑があります。畑の一角にタネニハガーデンがあります。2024年にオープン予定のタネニハカフェでは農園や地元で採れたフレッシュなお野菜を使ったデリプレートや、おやつも並ぶ予定です。店外にはガーデンや小麦畑が見渡せ、日頃の疲れを癒すゆったりな空間が広がります。

タネニハの「ニハ」とは古語で場のこと。私たちは、花のある自然で美しい暮らしを伝え、この場所がみんなの癒しの場になり、人と人が交流しながら楽しめる空間を作っていきます。ぜひ、遊びにいらしてください。

秋田緑花農園
〒203-0031
東京都東久留米市南町 2-3-19
@akita_ryokka_nouen
http://taneniwa.com

TANENIWA

ブリコラージュフラワーレッスン

アトリエ華もみじやブリコラージュフラワーファミリーの店では、季節に合わせた様々なレッスンを開催しています。ブリコラージュフラワーは自分らしさを表現するため、それぞれが個性のある作品で表現を広げています。
店によって、作る人によって伝え方もセレクトしている花苗も器も違うので店回りをしてみてはいかがでしょうか。
ブリコラージュフラワーのレッスンは自分で花苗を選び、自由に植えるスタイル。季節ごとのテーマに合わせて好きな花を選ぶことができます。決まった花材で決まった植え方ではないので、自由にのびのびと植えたい人にはぴったり。教えてくれる人を私たちは「サポーター」と呼んでいます。先生ではなく、皆さんが楽しく、そして美しい作品に仕上げていくためにサポートしながらポイントを伝える役割です。

ブリコラージュフラワーを体験できる店は全国にあります。ぜひ近くの店を探してみてください。まずは全国の各都道府県に店ができること、そして海外でもブリコラージュフラワーを体験できる世界になれば、花や土に触れてみんな笑顔になるのではないでしょうか。そんな日を願いながら、私たちはブリコラージュフラワーから得る喜びを伝えています。

全国のブリコラージュフラワーのお店

アトリエ華もみじは、2011年に移動花屋として歩みをはじめてからこれまで、ブリコラージュフラワーの輪を広げようと活動を続けてきました。

2015年にスタートしたディプロマレッスンは、年を重ねるごとにレッスン生が増え続けています。

ディプロマ生の仲間たちを私たちは『ブリコラージュファミリー』と呼んでいますが、ディプロマ課程を修了したファミリーの中には、独自のスタイルでブリコラージュフラワーを世に広めようと活動をはじめた方もいます。

その活動のタネが広がって、全国のあちらこちらに芽吹いてきています。その芽はどんどん膨らみ、きっと近い将来花開き、またタネを飛ばしていつか花畑になると想像しています。

ブリコラージュフラワーで大切なことは、技術の習得よりも〈楽しむこころ〉です。

ファミリーの仲間たちはそれぞれが自らの足で歩みを進めています。とてもたくましく、希望に満ちあふれた存在です。それぞれ個性が色濃く、ひとつとして同じものはありません。ぜひ、足を運んで、それぞれの色を感じてください。

関東

Atelier S (アトリエ エス)

フランスのお店のような外観、アンティークランプ。こだわりの苗や器で個人レッスンが楽しめます。ブリコラージュに魅せられた店主ソフィーのスペシャルを集めた小さな店で、植物のある暮らしをご提案します。

〒340-0016
埼玉県草加市中央2-12-27
TEL 090-1559-6200
OPEN 火・木・土 11:00〜18:00
@atelier_s_s
https://atelier-s.space/
活動内容
レッスン開催／実店舗販売
オンライン販売／動画制作

関東

アトリエmel (メル)

一軒家のアトリエで、ブリコラージュフラワーのある暮らしの豊かさを伝え、いつまでも眺めていたくなるような可愛い寄せ植えづくりのお手伝いをしています。癒しの場としての教室作りをしています。

神奈川県横浜市青葉区
(詳しくはお問い合わせください)
TEL 090-6714-3362
OPEN 水〜日(不定期) 10:00〜15:00
@melmel.0325
https://ateliermel.hp.peraichi.com/
活動内容
レッスン開催

関東

Amabile Comodo（アマビーレ コモド）

愛らしい〈amabile〉ものをいっぱい詰め込んだ、気軽に〈comodo〉ご来店いただけるちいさな花屋です。お客様に、ゆっくり心安らぐひとときをお過ごしいただける空間づくりをしています。

〒283-0041
千葉県東金市広瀬488-12
TEL 0475-78-6036
OPEN 月〜日（不定休） 10:00〜18:00
@amabile_comodo
https://www.amabile-comodo.com/
活動内容
レッスン開催／実店舗販売

関東

花ひより

花に触れることで心が和み、自然と笑顔があふれる温かな空間を目指しています。「ここに来れば少しだけ日常から離れて、リフレッシュできる」そんな気持ちを大切に、花の輪が少しずつ広がっています。

埼玉県川口市石神
（詳しくはお問い合わせください）
TEL 090-3046-1346
OPEN 不定期
@suzuranran_163
https://hana-hiyori.amebaownd.com/
活動内容
レッスン開催

関東

アトリエ森のきもち

「集える花屋&音楽の融合」を目指しています。レッスン、ミニコンサート、ハンドメイド品の販売なども。木の温もりを感じる森のような店内で、植物や音楽で癒され、優しい時間をお過ごしください。

〒253 0106
神奈川県高座郡寒川町宮山3581-1
ロイヤル宮山102
TEL 080-3361-0087
OPEN 火・水・木・金・土
11:00 〜18:00
レッスンは水・金・土
火・木(不定休)
@atelier_morinokimochi
活動内容
レッスン開催
実店舗販売

関東

aulii (アウリィ)

ハワイ語で優雅な、という意味をもつaulii。草花と触れ合う時間が心と向き合う 優雅なひとときとなりますように…。大きな窓から陽の光あふれるスタジオで皆さまをお待ちしています。

〒277-0863
千葉県柏市豊四季706-5 第一藤松ビルB-1
(詳しくはお問い合わせください)
OPEN 月・水・木・金・日
(不定休)
10:30〜16:00
@aulii.yu
http://aulii-yu.com/
活動内容
レッスン開催
実店舗販売

関東

Green Note (グリーンノート)

花好きの人の心をつかむ質の高いトレンドの植物や、ガーデニング資材を多数揃えた園芸店です。ワクワクしながらの花選びや寄せ植えする楽しさ、植物とよりそう添う暮らしをご提案します。

〒168-0082 東京都杉並区久我山5-21-2
TEL 03-3331-8701
OPEN 月・火・木・金・土・日 10:00〜18:00
@greennote_flower
活動内容
レッスン開催/実店舗販売
個人宅や店舗のガーデニング(植栽)

関東

atelier hanagusta
(アトリエ ハナグスタ)

小さなアトリエならではの丁寧なレッスン、オーダーギフト、お客様と触れ合えるマルシェ出店を通して、「ブリコラージュフラワーが生み出す笑顔に出会いたい」それがハナグスタの願いです。

千葉県市川市
(詳しくはお問い合わせください)
OPEN 不定休 10:00〜16:00
@atelier_hanagusta
https://atelier-hanagusta.webnode.jp/
活動内容
レッスン開催
オンライン販売
出張レッスン
マルシェ出店

関東

芳樹園 (ホウジュエン)

丹精こめて育てた季節の草花を使って、ブリコラージュフラワーのワークショップを開催しています。また〈食と農を楽しむ〉をテーマに、花苗や野菜の直売も行っています。

〒185-0034
東京都国分寺市光町1-11-11
TEL 090-4395-5692
OPEN 不定期
@hojuen
https://hojuen.tokyo/
活動内容
レッスン開催
農園で花苗販売
オンライン販売

関東

Sherry Flower Works & Shop (シェリーフラワーワークス アンド ショップ)

小さい花屋だからこそ、生産者でもあるからこそ、いい花苗を提供するおもてなしができる店になりたいです。笑顔があふれ、お花好きな方々にも出会える店になってほしいと思っています。

〒334-0057
埼玉県川口市安行原673
TEL 090-1202-4586
OPEN 木・金・土 10:00〜17:00
日・祝日 10:00〜13:00
@sherryflower_ws
https://flowerworks.shop/
活動内容
レッスン開催
実店舗販売
オンライン販売

関東

ユキアンドデザイン

〈すまいと、草花と、心地よいくらし〉すまいの設計者であるユキアンドデザインが贈る小さな花屋さん。日々のくらしに、思わす微笑みがこぼれるような草花をお届けしています。

〒379-2154
群馬県前橋市天川大島町2-27-1
αNEXT前橋第7 102号
TEL 027-280-8225
OPEN 火〜日 10:00〜17:00
@yuki_and_design
https://www.2018design.com/
活動内容
レッスン開催
実店舗販売
すまい相談

関東

fairydoor (フェアリードア)

住宅街の中の小さなギャラリーをお借りして、レッスンをしています。ブリコラージュフラワーの楽しさを伝え、親しみやすく、花のある暮らしが心地よく感じていただけたらうれしいです。

〒189-0014
東京都東村山市本町3-1-35 Gallery Parque +Cafe 内
TEL 090-8583-0022
OPEN 不定期
@fairy.door_flour
https://fairydoor2013.com/
活動内容
レッスン開催

関西

アトリエajisai（アジサイ）

根つきの植物の魅力を、ブリコラージュフラワーという形で伝えています。たくさんの感動と居心地のよい空間をご用意して、ブリコラージュを愛するみなさんのご来店をお待ちしています。

〒599-8253
大阪府堺市中区深阪1-13-83
エクセル深阪100
TEL 072-267-4887
OPEN 月・金・土 11:00〜16:00
@atelier_ajisai
https://gathering-ajisai.net/
活動内容
レッスン開催／オンライン販売

関西

アトリエKaKa（カカ）

お花がある生活はとても素敵。ブリコラージュフラワーを通じて少しでも幸せな気分になってもらいたい。そんな花屋を目指しています。小さな店ですがお気軽にお立ち寄りください。

〒702-8037
岡山県岡山市南区千鳥町25-32
TEL 086-236-6779
OPEN 火・木・土 11:00〜17:00
日（不定休）
@ayumi_namba_
http://a-kaka.net/
活動内容
レッスン開催
実店舗販売
オンライン販売

東海

ototohana（オトトハナ）

富士山麓の農家ハウスでレッスンを開催。種類豊富な苗からお花を選べます。個々の気持ちを大切に、親切丁寧を心がけています。新東名高速道路「新富士IC」からアクセス良好。

静岡県富士市
（詳しくはお問い合わせください）
TEL 050-3635-4187
OPEN 土・日 10:00〜16:00
@ototohana.st
https://ototohana.jimdo.com/
活動内容
レッスン開催

関西

アトリエ花時計

2018年オープン。生徒さんは50名以上になります。長年通ってこられ花のある生活を楽しまれています。ひとりひとりのお客様が、その方のスタンスで楽しめる店づくりをしています。

〒665-0832
兵庫県宝塚市向月町3-3
TEL 090-6554-0503
OPEN 火・木・金・土
10:00〜17:00
@takarazuka_hanadokei
https://hanadokei.net/
活動内容
レッスン開催
実店舗販売
オンライン販売

関西

garden shop NONOHANA（ガーデンショップ ノノハナ）

〈暮らしに彩を〉をコンセプトに、素敵なガーデニングライフと心豊かになる暮らし作りをお手伝いする花屋です。ブリコラージュフラワーを楽しみ、お客様に寄り添える店づくりをしています。

〒675-1104
兵庫県加古郡稲美町野寺16-1
TEL 079-496-0770
OPEN 月・火・木・金・土・日 10:00〜17:00
@chie_hal
https://nonohana.garden/gardening/
活動内容
実店舗販売／レッスン開催
オンライン販売・外構施工・造園工事

関西

hinatairo（ヒナタイロ）

贈る方、贈られる方の気持ちに寄り添えるアレンジを作っていきたいと思ってます。レッスンでは花にふれ、癒しとくつろぎの時間をhinatairoですごしていただけたら幸いです。

〒594-0032
大阪府和泉市池田下町302
TEL 0725-57-0878
OPEN 月～金　9:00～18:00
土・日（不定休）
@hinatairo0717
https://hinatairo0717.wixsite.com/hinatairo
活動内容
レッスン開催／実店舗販売

関西

フラワー・スタジオ「bluebellの森」（ブルーベルの森）

園芸療法士＆アートセラピストとして、植物との心地よい癒しの時間を大切にしています。英国アンティーク家具に囲まれた室内や庭で、色彩の組み合わせや日々のお手入れ法も交え、楽しくレッスンをしています。

〒669-1324
兵庫県三田市ゆりのき台5-40-18
TEL 079-563-0160
OPEN 火～日　10:00～19:00
※プライベートレッスン可
（お子様と一緒にレッスンも可）
※外国人対応（English）、中国語は通訳付き
@bluebell_no_mori
https://r.goope.jp/bluebell-no-mori/
活動内容
レッスン開催／販売／レンタル・リース

関西

bricolage flower labo DIGFLOWER

(ブリコラージュフラワー ラボ ディグフラワー)

神戸市須磨区のカフェDELUSIONにて教室や作品の販売をしています。園芸店勤務、他店での講師活動もしている園芸マンと一緒に、心がキュンキュンする可愛い作品づくりをしてみませんか。

〒654-0103
兵庫県神戸市須磨区白川台1-36-1
cafeDELUSION内
TEL 090-9691-1328
OPEN 火(不定期で土)時間はご相談ください
@engei_man
活動内容
レッスン開催
実店舗販売

関西

atelierハナユイ

(アトリエ ハナユイ)

ゆったりとお花の時間を楽しんでいただける雰囲気を大切にしています。レッスンは少人数制で、プライベートレッスンも承ります。三田市近郊で開催のイベント、マルシェにも出店。

兵庫県三田市けやき台
(詳しくはレッスン予約完了時にお知らせします)
TEL 080-9605-5519
OPEN 火・金・土
11:00〜16:00
他の曜日についてはお問い合わせください
@atelier_hanayui_y
活動内容
レッスン開催

中国

atelier KLEE (アトリエ クレー)

心穏やかに花と向き合いたい、大切な人と花時間をゆったり楽しみたい、心を癒したいとき、ふと立ち寄りたくなるような場所でありたいと思っています。植物と動物との心地よい暮らしを提案。

〒710-1313
岡山県倉敷市真備町川辺1295-4
TEL 086-697-5267
OPEN 火・木・金・土 10:30〜17:30
@atelier_klee
活動内容
レッスン開催/実店舗販売

関西

園芸工房 mokumoko (モクモコ)

明石市を中心に活動する園芸療法士。植物と共に暮らすことで、癒される人が増えることを目指しています。ブリコラージュフラワー、グリーン風水、ハンギングバスケットなどのレッスンを開催。

兵庫県明石市大久保町
(詳しくはお問い合わせください)
TEL 090-8232-9326
OPEN 大久保教室:木、土(主に第4)
10:30〜/13:00〜
加古川教室:金、土
(主に第2・第3)
10:30〜/13:00〜
@mokumoko55
https://mokumoko.com/
活動内容
レッスン開催
出張レッスン
イベント販売

中国

アトリエかざ華

植物の癒しは、あたたかな気持ちや幸福感を与えてくれます。ブリコラージュフラワーを通して、感動を体験していただきたいと思います。自分を愛し、楽しむセルフケア文化を創っていただきたいと願っています。

〒721-0974
広島県福山市東深津町1-9-61
TEL 084-999-0320
OPEN 水・木・金・土 10:00〜17:00
@atelier.kazahana
https://atelier-kazahana.com/
活動内容
レッスン開催／実店舗販売
オンライン販売／ワークショップ

中国

アトリエ セイントサニー

お越しいただいたお客様が笑顔になるような、心地よい空間で花と触れ合う素敵な時を共有できるお店を目指しています。花苗販売の他、自分で花材を選べるレッスンを行っています。

〒731-5136
広島県広島市佐伯区楽々園3-9-6 102号
TEL 080-1934-2844
OPEN 火・木・金・土・日 10:00〜18:00
@st.sunny726
活動内容
レッスン開催／実店舗販売／ワークショップ

四国

BRICOLEUR (ブリコルール)

徳島にある小さな花屋です。ブリコラージュフラワーだけでなく、庭をつくったり、花を育てる際に役立つアドバイスをさせていただいています。お気軽に遊びにいらしてください。

〒770-0024
徳島県徳島市佐古四番町6-1
TEL 088-661-1440
OPEN 木・金・土・日・月 11:00〜19:00
@bricoleur_tksm
www.bricoleur.online/
活動内容
レッスン開催／実店舗販売

九州

アトリエnarunaru

自宅の庭で教室を開催しています。日常の忙しさから離れ、花そのものの持つエネルギーを感じながら、自然に笑顔になるような時間を過ごしていただけたらうれしいです。

佐賀県佐賀市
(詳しくはお問い合わせください)
TEL 090-9483-1644
OPEN 木・金・土 11:00〜17:00
@narunaruyumiko
活動内容
レッスン開催
マルシェ参加

中国

アトリエ華ビオラ

花でこころを癒したい。花のある暮らしを楽しみたい。みなさんのお手伝いをしています。花苗を選び、自分で作ったブリコラージュフラワーを飾ると、とても素敵な空間になることでしょう。

〒714-2111
岡山県井原市芳井町吉井1491-6
TEL 090-2095-0309
OPEN 火・水・金・土(不定休) 10:00〜17:00
@atelier_hana_viola
活動内容
レッスン開催／体験レッスン／実店舗販売
マルシェ参加

九州

Atelier Stem（アトリエ ステム）

「植物のある暮らしをもっと見近に、もっと自分らしく」をコンセプトに、多肉植物を中心としたブリコラージュレッスンをしています。カフェもあり、植物とともにゆったりとした時間をお楽しみいただけます。

〒814-0175
福岡県福岡市早良区田村2-10-26
TEL 092-873-1150
OPEN 月・木・金・土・日 11:00〜17:00
@stem.fk
http://r.goope.jp/stem/
活動内容
レッスン開催／実店舗販売／オンライン販売

九州

アトリエプランチュール

お花と緑に囲まれた花屋の店内でブリコラージュフラワーと季節のフラワーレッスンを行っております。花苗、器、資材なども揃えており、「花と植物と暮らす」楽しさ、うれしさをお手伝いいたします。

〒899-0005
鹿児島県鹿児島市下伊敷1-40-15
谷口ビル1階
フラワーショップ花邑内
TEL 099-295-3239
OPEN 月〜日（不定休） 10:00〜19:00
@f.hanamura
活動内容
レッスン開催／実店舗販売／オンライン販売

九州

Flower works Coco+ （フラワーワークスココプラス）

お花を手にした方の笑顔が忘れられず、2006年、花業界に入りました。フラワーギフト、ディスプレイ装飾、レッスンなどを通じて、ひとりでも多くの笑顔に出会えるよう、願っています。

〒849-0123
佐賀県三養基郡上峰町坊所2552-178
TEL 0952-60-2216
OPEN 月・火・水・金・土・日（不定休）
10:00〜18:00
@flowerworks_cocoplus
https://flowerworkscocoplus.wixsite.com/mysite/
活動内容
レッスン開催／実店舗販売／オンライン販売

九州

アトリエリンク太宰府

良質の花苗を買いつけたり、産地直送で、生産者さんが心を込めて育てた〈よりすぐりの植物〉ばかりを揃えています。自分の好きな花や植物を選んで、ブリコラージュフラワーを作ってみませんか。

〒818-0118
福岡県太宰府市石坂1-1-11
TEL 070-6592-7500
OPEN 月・火・木・金・土
10:00〜18:00
@atelier.link.dazaif
https://atelierlinkdazaifu.com/
活動内容
レッスン開催／実店舗販売

九州

はなひより

観葉植物、エアプランツ、ドライフラワー、メダカやボトルアクアリウム、鉢や雑貨などを扱っています。植物で癒される毎日をすごしてみませんか。育て方のアドバイスもしています。

〒811-0204
福岡県福岡市東区奈多3-6-13
TEL 092-609-9667
OPEN 月・火・木・金・日 11:00〜16:00
@hanahiyori1112
活動内容
実店舗販売

九州

en mo yukari エンタープライズ(エンモユカリ)

植物とクラフトワークを組み合わせたフラワーアート、ディスプレイ、フラワーギフトの制作。ブリコラージュフラワーとの出会いは、表現の幅が広がり、フラワーワークの枝葉となりました。

〒891-0105
鹿児島県鹿児島市中山町1166-1
TEL 099-814-7097
OPEN 月・水・木・金・土 11:00〜18:00
@enmoyukari_flower
https://www.enmoyukari.com/
活動内容
レッスン開催
オンライン販売

九州

花むすび

切り花の花束、アレンジメントがメインでしたが、ブリコラージュフラワーを取り入れ、レッスンスペースを設けました。笑みがあふれ、お客様が幸せな気持ちになれる花空間を目指しています。

〒880-0035
宮崎県宮崎市下北方町上田々972-4
TEL 0985-41-4387
OPEN 月〜土 9:00〜18:30
@hana_87musubi
www.eflora.co.jp/shop/hanamusubi-m/
活動内容
レッスン開催
実店舗販売
オンライン販売

九州

Naratan のおみせ (ナラタン)

初めてブリコラージュフラワーに出会ったときの感激。みなさんの笑顔と心に寄り添う作品をお伝えし、お届けしたいと思っています。さぁ、一緒にドキドキ、ワクワクしてください。

〒8191571 福岡県糸島市高祖951-4
TEL 092-323-9898
OPEN 不定期
(レッスン情報はLINE @403cltig)
@naratan_no_omise
https://naratan-no-omise.stores.jp/
活動内容
レッスン開催
オンライン販売

九州

babysbreath (ベビーズブレス)

住宅街で花の教室をしています。植物好きな人が集い、癒しの時間を過ごせるような空間づくりをしています。季節ごとに変化していくガーデンも楽しみのひとつになるよう手入れをしています。

福岡県
(詳しくはお問い合わせください)
OPEN 不定期
@babysbreath0119
活動内容
レッスン開催／オンライン販売／物品販売
オープンガーデン／お菓子教室など

九州

Flâneur茶々の庭
(フラヌール)

ブリコラージュフラワーに出会い、人生が豊かになりました。会社を退職後、アトリエをオープン。お花好きな人と心豊かに笑顔で過ごせる時間を大切にしています。

福岡県飯塚市
(詳しくはお問い合わせください)
OPEN 日・祝日以外 ご相談に応じます。
@chacha_yoko
活動内容
レッスン開催
実店舗販売
オープンガーデン

九州

MUSEE BOTANIQUE
(ミュゼ ボタニーク)

福岡市薬院駅から徒歩3分。アトリエは古いアパートの一室です。植物に触れて癒される時間を、少人数でゆっくりとお楽しみください。

〒810-0014
福岡県福岡市中央区平尾1-2-8
コーポ黒木105
OPEN 不定休 10:00〜20:00
Instagramでお知らせします
@musee_botanique
活動内容
レッスン開催

九州

ふわりの実

2022年3月開業。現在オンラインショップのみですが、今後はレッスンを中心に活動予定。植物に助けられてきました。ブリコラージュフラワーが誰かの楽しみになれたら幸いです。

大分県中津市
(詳しくはお問い合わせください)
OPEN オンラインショップのみでの営業
@fuwarinomi
活動内容
オンライン販売
イベント出店
オーダー制作販売

あとがき

ただ花屋さんになりたかっただけの私が、気がついたら大勢の人に囲まれ、たくさんの方にレッスンを開催し、開業したい人の背中を押していました。花苗の生産農家の共同代表になり、そして街づくりまで始めています。一見、何をやりたいのかわからないようにも思えますが、花屋を始めたその日からずっとやっていることは目の前の課題に向き合うことだけです。今、自分にできることを精一杯取り組み、もっとよくしていく。

それを繰り返していたら、こんな未来が待っていました。その原動力の元にあるものは、「華やかな心を育み未来へ紡ぐ」という最初に掲げた華もみじのビジョンです。花で人の心を華やかに育みたい。そして関わったみんな、ひとりひとりが小さく影響し合い、未来に向かって緩やかな糸で紡がれてほしい。そんな私が抱いたバックキャスティングが、今を作り上げています。

ブリコラージュフラワーの花たちのように、ひとりひとりの違う個性が寄り添い、華やかな未来を共創していく。ひとりでは何もできなかった私も、皆さんに支えられながらこうやって営みを続けています。いつも応援し支えてくれているすべての方に感謝申し上げるとともに、皆さんの毎日が喜びであふれる日々でありますよう願っています。

小森妙華

小森妙華 Myoka Komori

アトリエ華もみじ代表。根つきの植物を使い、野原をそのまま切り取った寄せ植え「ブリコラージュフラワー」を発案。普及活動に力を注いでいる。
2011年、花苗の移動販売から始まり、現在は福岡・東京に実店舗とオンラインショップを運営。
よい花屋のある街は笑顔の街になるという想いから、プロ向けのレッスンを開催している。
秋田緑花農園の共同代表も務め、花屋の仕入れをサポートする事業を行っている。

企画・編集	尾亦房子
写真・デザイン（本文）	小森妙華、宇賀神真弓
編集協力	渡辺真人（誠文堂新光社）
デザイン協力	熊谷英祐（カラーズ）

野原《のはら》をそのまま切《き》り取《と》った寄《よ》せ植《う》え
ブリコラージュフラワー

2023年12月15日　発　行　　NDC793

著　　者	小森妙華《こもりみょうか》
発 行 者	小川雄一
発 行 所	株式会社 誠文堂新光社
	〒113-0033 東京都文京区本郷3-3-11
	電話 03-5800-5780
	https://www.seibundo-shinkosha.net/
印刷・製本	株式会社 大熊整美堂

ISBN978-4-416-92362-7